MINISTÈRE DES TRAVAUX PUBLICS.

PORTS MARITIMES
DE LA FRANCE.

NOTICE

SUR

LE PORT DE LA PERROTINE,

PAR M. BONNEAU,

INGÉNIEUR DES PONTS ET CHAUSSÉES.

PARIS.
IMPRIMERIE NATIONALE.

M DCCC LXXXV.

PORT DE LA PERROTINE.

MINISTÈRE DES TRAVAUX PUBLICS.

PORTS MARITIMES
DE LA FRANCE.

NOTICE

SUR

LE PORT DE LA PERROTINE,

PAR M. BONNEAU,

INGÉNIEUR DES PONTS ET CHAUSSÉES.

PARIS.
IMPRIMERIE NATIONALE.

M DCCC LXXXV.

PORT

DE LA PERROTINE.

CHAPITRE PREMIER.

RENSEIGNEMENTS GÉOGRAPHIQUES ET HYDROGRAPHIQUES.

Le chenal de la Perrotine débouche sur la côte Est de l'île d'Oleron, à 2,300 mètres au Sud de la pointe des Saumonards. A 400 mètres du musoir de la jetée qui forme le côté droit de l'embouchure, se trouve la rade des Trousses qui est la plus abritée, la plus grande et la plus profonde de la région; c'est elle qui reçoit les escadres cuirassées; son importance militaire donne un intérêt tout spécial au port de la Perrotine, par lequel elle communique avec l'île d'Oleron. Le port a d'ailleurs une assez grande importance commerciale; son mouvement de marchandises est en moyenne de 50,000 tonnes effectives.

La rade des Trousses s'allonge du N. O. au S. E., entre le banc de sable appelé la Longe de Boyard et la côte, sur une longueur de 10 kilomètres environ; sa largeur varie de 1,100 à 1,800 mètres; les navires y trouvent des fonds de 10 à 18 mètres au-dessous des plus basses mers. Elle est abritée par la Longe, la pointe des Saumonards et la côte de Boyardville; la tenue des ancres, sur un fond de sable vasard, est excellente.

Les courants de flot et de jusant sont dirigés suivant l'orientation générale de la rade, c'est-à-dire les premiers du N. O. au S. E., et les seconds en sens inverse.

IMPRIMERIE NATIONALE.

Les courants de flot ont une vitesse de 1,7 nœud (o^m,85 à la seconde) en vive eau et de o,9 nœud (o^m,45) en morte eau. Les courants de jusant ont une vitesse de 1,2 nœud (o^m,60) en vive eau et de o,6 nœud (o^m,3o) en morte eau.

L'étale des courants a lieu 4o minutes avant la pleine mer en vive eau et 1 heure 25 minutes en morte eau; sa durée est d'environ une demi-heure. Dans le chenal, l'étale dure 1 heure environ; elle commence trois quarts d'heure après l'heure de la pleine mer en rade.

Régime de l'entrée du chenal. — La partie orientale de l'île d'Oleron est formée de terrains situés au-dessous du niveau des hautes mers. Les marais, séparés de la mer généralement par des dunes de sable, communiquent avec elle par un certain nombre de coupures qui constituent des chenaux. Le chenal de la Perrotine est l'un d'eux; il est maintenu par les courants qui emplissent et vident les marais et son propre lit à chaque marée. Son débouché à la mer paraît être resté dans l'état naturel jusqu'au milieu du siècle dernier. A cette époque, on a construit des digues, des perrés et enfin une jetée qui s'étendait sur la rive droite jusqu'à un point situé à 2oo mètres du musoir actuel.

En 1837, un peu avant que M. l'inspecteur général Leclerc eût exécuté, comme ingénieur ordinaire, le prolongement de 2oo mètres qui a donné à la jetée sa forme définitive, voici quelle était la situation de l'embouchure.

La hauteur de l'eau au bout de la jetée était en hautes mers de vive eau de 3^m,95; aussitôt après le musoir, le chenal se déviait dans le Sud et courait ainsi parallèlement à la côte sur une longueur de 8oo mètres environ. Le banc de sable qui séparait cette partie du chenal de la mer avait plus de 2oo mètres de largeur et une hauteur de 2^m,5o à 3 mètres.

Plusieurs fois depuis le commencement du siècle, cette barre avait été repoussée dans le chenal, qui s'était ainsi trouvé fermé au bout de la jetée. En 1837, les navires avaient été absolument bloqués, et il avait fallu rouvrir le chenal à bras d'hommes. M. Leclerc, pour faire disparaître la barre, prolongea la jetée de 200 mètres. Ces travaux eurent un succès complet et depuis lors le chenal de la Perrotine n'a jamais eu de barre. Les sables qui cheminent le long de la côte, du Nord au Sud, tendent à combler le chenal, mais le courant de jusant, maintenu par la jetée, les repousse. Le chenal, à sa traversée de la plage, a une direction variable, mais il reste toujours nettement creusé et la cote de son fond va toujours en baissant depuis le musoir jusqu'à la rade.

Le chenal de la Perrotine rentre donc dans la classe exceptionnelle des chenaux sans barre; cette heureuse situation tient, croyons-nous, à ce que la traversée de la plage est très courte, et que le débit du chenal est assez considérable pour chasser en jusant les sables jusqu'à la rade des Trousses, où ils rencontrent des courants violents qui les entraînent au loin.

Le chenal est balisé pendant le jour par une bouée cylindroconique. La nuit, l'entrée est signalée par un feu du 4e ordre établi au bout de la jetée; le fanal est élevé de 6 mètres au-dessus des hautes mers par une charpente en fer.

CHAPITRE II.

HISTORIQUE.

En 1730, un arrêt du conseil ordonna de mettre le chenal de la Perrotine en état de fournir suffisamment d'eau à 1,600 livres de marais salants, de le rendre navigable tant pour la cargaison des sels, vins, etc., que pour l'embarquement des troupes de la marine.

Malgré cet arrêt, le chenal fut négligé et un banc de sable s'était formé en travers de son entrée, qui se trouvait alors beaucoup au Sud de son embouchure actuelle.

En 1741, M. l'ingénieur Bonniface prolongea le chenal jusqu'aux magasins de Saint-Pierre, et le fit curer pour le rendre flottable aux gabares plates.

En 1803, les ingénieurs chargés de la construction du fort Boyard créèrent l'établissement de Boyardville qui leur servait de chantier à terre; ils exécutèrent cette même année des quais, des murs de clôture, des chaussées pavées et la digue dite de la Marine pour empêcher la mer d'inonder les terrains bas qui servaient au dépôt des matériaux. Antérieurement le lit du chenal avait été déplacé et son embouchure se trouvait alors à l'endroit qu'elle occupe aujourd'hui.

En 1837, on commença les travaux qui ont prolongé la jetée de 200 mètres jusqu'au musoir actuel.

Les travaux exécutés de 1837 à 1842 ont coûté 320,000 francs.

Le feu établi sur le musoir de la jetée a été allumé le 1er août 1859.

Les quais de la Vieille-Perrotine, de Thomassin et de la Saurine, ont été exécutés de 1860 à 1867; ils ont coûté 55,048 fr. 40 cent.

En 1869, une société de bateaux à vapeur a construit pour son usage un appontement en charpente près du lieu dit la Cayenne.

En 1876-1877, un mur de quai de 30 mètres fut construit au point dit la Cayenne; la dépense s'est élevée à 31,000 francs.

Le port de la Perrotine, grâce à sa position favorable au centre de l'île et à la facilité de ses communications avec le continent, a un mouvement commercial qui dépasse celui de tous les autres ports de l'île réunis et atteint 50,000 tonnes effectives; mais son manque de profondeur et l'insuffisance de ses quais grèvent le commerce de frais considérables.

Pour remédier à ces inconvénients, nous avons proposé des travaux d'amélioration qui ont été déclarés d'utilité publique le 18 décembre 1880; ils sont actuellement en cours d'exécution; ils comprennent :

1° Une écluse de chasse et de navigation qui sera établie en travers du chenal à 925 mètres en amont du musoir de la jetée; cette écluse aura deux pertuis : l'un de 10 mètres, muni de portes busquées, servira au passage des navires qui fréquenteront la partie supérieure du chenal; l'autre de 6 mètres servira exclusivement aux chasses; d'ailleurs, les portes du pertuis de 10 mètres seront munies de vantaux tournants qui concourront aux chasses. Les seuils des pertuis seront établis au niveau des basses mers de vive eau ordinaires (cote —3 mètres du nivellement général). La pile et les culées seront fondées sur le rocher, à la cote —18 mètres, au moyen de l'air comprimé;

2° Un bassin à flot de 200 mètres de longueur et de 70 mètres de largeur qui sera établi sur la rive gauche immédiatement en amont du port de la Marine; l'écluse d'entrée aura 12 mètres de largeur, son busc et le fond du bassin seront établis à la cote —3 mètres;

3° Des murs de quais le long du chenal pour les navires qui n'entreront pas dans le bassin à flot.

La dépense est évaluée à 1,200,000 francs.

CHAPITRE III.

A l'entrée du chenal de la Perrotine se trouve, sur la rive droite, une jetée en maçonnerie de 565 mètres de longueur. Le couronnement de cette jetée est à la cote $4^m,32$ du nivellement général. Elle est fondée sur une couche de béton de 1 mètre compris entre des risbermes en pieux et palplanches.

Elle a une largeur de 3 mètres en couronne et de 4 mètres au niveau des fondations.

A la suite de la jetée se trouve un chemin de halage perreyé sur 700 mètres de longueur; ce chemin prend naissance à 200 mètres en aval de la maison du garde-fanal et va aboutir au bac qui établit les communications entre les deux rives. Une grande partie de ces ouvrages est très ancienne; la date de leur construction et les prix de revient sont inconnus.

A 700 mètres en amont du bac existe sur la rive droite un mur de quai perreyé de 107 mètres de longueur, connu sous le nom de quai de la Vieille-Perrotine; il y monte en malines 3 mètres d'eau.

Sur la rive gauche, on rencontre près de l'entrée l'école des Torpilles, et le port de la Marine qui comprend une digue de 30 mètres de longueur et un mur de quai vertical de 60 mètres.

A 950 mètres environ de l'embouchure du chenal, se trouve un mur de quai vertical de 30 mètres de longueur. En malines ordinaires le tirant d'eau au pied du mur de quai est de $3^m,50$.

A 40 mètres en amont de ce quai, existe un appontement en charpente spécialement affecté au bateau à vapeur qui fait un service journalier entre la Rochelle et la Perrotine.

A 2,100 mètres de cet appontement se trouve le quai perreyé de Thomassin d'une longueur de 111 mètres.

Enfin, à 300 mètres en amont du quai de Thomassin est situé le port de la Saurine où il monte 3 mètres d'eau dans les malines.

Ce port est composé d'un quai vertical d'une longueur de 76 mètres et d'une cale à deux rampes de 56 mètres de longueur.

CHAPITRE IV.

RENSEIGNEMENTS COMMERCIAUX.

Un bateau à vapeur fait un service journalier de voyageurs et de marchandises entre la Rochelle et la Perrotine; le nombre annuel des voyageurs transportés est de 12,000 environ.

Le mouvement commercial résumé dans nos tableaux s'élève moyennement à 50,000 tonnes effectives par an.

Les exportations comprennent surtout le vin et le sel, et les importations, des matériaux de construction.

RENSEIGNEMENTS GÉNÉRAUX.

MARÉES.

Heure de l'établissement du port. . . . . $3^h 45^m$

Durée de l'étale. . . . . $0^h 30^m$

HAUTEUR, PAR RAPPORT AU ZÉRO DES CARTES MARINES, DU NIVEAU MOYEN

Des pleines mers de vive eau ordinaires . . . . $6^m,26$

Des pleines mers de morte eau ordinaires . . . . $5 ,26$

CHENAL.

Largeur à l'entrée. . . . . $30^m,00$

Longueur navigable. . . . . $3,800 ,00$

Profondeur d'eau. . . $\left\{\begin{array}{l}\text{en vive eau ordinaire. . . . .} \\ \text{en morte eau ordinaire. . . . .}\end{array}\right.$ $\begin{array}{l}3 ,80 \\ 2 ,80\end{array}$

Longueur totale des quais. . . . . $415^m,00$

Superficie totale des terre-pleins des quais. . . . . 25 ares.

Dépenses totales de premier établissement au 1er janvier 1880. . . . . $411,803^f 32^c$.

                         LA PERROTINE.

ENTRÉES.

<table>
<thead>
<tr><th rowspan="3">ANNÉES.</th><th rowspan="3">NATIONA-
LITÉS.</th><th colspan="4">NAVIRES À VOILES.</th><th colspan="4">NAVIRES A VAPEUR.</th><th colspan="2">RELÂCHEURS.</th><th colspan="2">TOTAL
des
TROIS CATÉGORIES.</th></tr>
<tr><th colspan="3">NOMBRE
DES NAVIRES</th><th rowspan="2">Ton-
nage.</th><th colspan="3">NOMBRE
DES NAVIRES</th><th rowspan="2">Ton-
nage.</th><th rowspan="2">Nom-
bre.</th><th rowspan="2">Ton-
nage.</th><th rowspan="2">Nom-
bre.</th><th rowspan="2">Ton-
nage.</th></tr>
<tr><th>char-
gés.</th><th>sur
lest.</th><th>Total.</th><th>char-
gés.</th><th>sur
lest.</th><th>Total.</th></tr>
</thead>
<tbody>
<tr><td></td><td></td><td></td><td></td><td></td><td>tonnes.</td><td></td><td></td><td></td><td>tonnes.</td><td></td><td>tonnes.</td><td></td><td>tonnes.</td></tr>
<tr><td rowspan="2">1871</td><td>Français..</td><td>388</td><td>33</td><td>421</td><td>16,110</td><td></td><td></td><td></td><td></td><td></td><td></td><td rowspan="2">421</td><td rowspan="2">16,110</td></tr>
<tr><td>Étrangers.</td><td></td><td></td><td></td><td></td><td></td><td></td><td></td><td></td><td></td><td></td></tr>
<tr><td rowspan="2">1872</td><td>Français..</td><td>412</td><td>40</td><td>452</td><td>17,113</td><td></td><td></td><td></td><td></td><td></td><td></td><td rowspan="2">452</td><td rowspan="2">17,113</td></tr>
<tr><td>Étrangers.</td><td></td><td></td><td></td><td></td><td></td><td></td><td></td><td></td><td></td><td></td></tr>
<tr><td rowspan="2">1873</td><td>Français..</td><td>446</td><td>123</td><td>569</td><td>20,678</td><td></td><td></td><td></td><td></td><td></td><td></td><td rowspan="2">569</td><td rowspan="2">20,678</td></tr>
<tr><td>Étrangers.</td><td></td><td></td><td></td><td></td><td></td><td></td><td></td><td></td><td></td><td></td></tr>
<tr><td rowspan="2">1874</td><td>Français..</td><td>655</td><td>238</td><td>893</td><td>26,232</td><td></td><td></td><td></td><td></td><td></td><td></td><td rowspan="2">893</td><td rowspan="2">26,232</td></tr>
<tr><td>Étrangers.</td><td></td><td></td><td></td><td></td><td></td><td></td><td></td><td></td><td></td><td></td></tr>
<tr><td rowspan="2">1875</td><td>Français..</td><td>755</td><td>265</td><td>1,020</td><td>31,283</td><td></td><td></td><td></td><td></td><td>2</td><td>63</td><td rowspan="2">1,022</td><td rowspan="2">31,346</td></tr>
<tr><td>Étrangers.</td><td></td><td></td><td></td><td></td><td></td><td></td><td></td><td></td><td></td><td></td></tr>
<tr><td rowspan="2">1876</td><td>Français..</td><td>733</td><td>286</td><td>1,019</td><td>29,264</td><td>337</td><td>1</td><td>338</td><td>19,982</td><td>6</td><td>189</td><td rowspan="2">1,363</td><td rowspan="2">49,435</td></tr>
<tr><td>Étrangers.</td><td></td><td></td><td></td><td></td><td></td><td></td><td></td><td></td><td></td><td></td></tr>
<tr><td rowspan="2">1877</td><td>Français..</td><td>658</td><td>236</td><td>894</td><td>25,243</td><td>330</td><td>1</td><td>331</td><td>19,535</td><td>8</td><td>107</td><td rowspan="2">1,228</td><td rowspan="2">44,885</td></tr>
<tr><td>Étrangers.</td><td></td><td></td><td></td><td></td><td></td><td></td><td></td><td></td><td></td><td></td></tr>
<tr><td rowspan="2">1878</td><td>Français..</td><td>560</td><td>212</td><td>772</td><td>23,891</td><td>332</td><td></td><td>332</td><td>19,588</td><td>4</td><td>117</td><td rowspan="2">1,109</td><td rowspan="2">43,749</td></tr>
<tr><td>Étrangers.</td><td>1</td><td></td><td>1</td><td>153</td><td></td><td></td><td></td><td></td><td></td><td></td></tr>
<tr><td rowspan="2">1879</td><td>Français..</td><td>691</td><td>181</td><td>872</td><td>25,802</td><td>330</td><td></td><td>330</td><td>19,470</td><td>2</td><td>44</td><td rowspan="2">1,204</td><td rowspan="2">45,316</td></tr>
<tr><td>Étrangers.</td><td></td><td></td><td></td><td></td><td></td><td></td><td></td><td></td><td></td><td></td></tr>
<tr><td rowspan="2">1880</td><td>Français..</td><td>696</td><td>216</td><td>912</td><td>23,696</td><td>340</td><td></td><td>340</td><td>20,060</td><td></td><td></td><td rowspan="2">1,252</td><td rowspan="2">43,756</td></tr>
<tr><td>Étrangers.</td><td></td><td></td><td></td><td></td><td></td><td></td><td></td><td></td><td></td><td></td></tr>
</tbody>
</table>

SORTIES.

ANNÉES.	NATIONA-LITÉS.	NAVIRES À VOILES.				NAVIRES À VAPEUR.				RELÂCHEURS.		TOTAL des TROIS CATÉGORIES.	
		NOMBRE DES NAVIRES			Tonnage.	NOMBRE DES NAVIRES			Tonnage.	Nombre.	Tonnage.	Nombre.	Tonnage.
		chargés.	sur lest.	Total.		chargés.	sur lest.	Total.					
					tonnes.				tonnes.		tonnes.		tonnes.
1871	Français..	336	31	367	16,101							367	16,101
	Étrangers.												
1872	Français..	406	46	452	17,134							452	17,134
	Étrangers.												
1873	Français..	472	72	544	20,501							544	20,501
	Étrangers.												
1874	Français..	626	229	855	24,851							855	24,851
	Étrangers.												
1875	Français..	849	176	1,025	31,194					2	63	1,027	31,257
	Étrangers.												
1876	Français..	770	252	1,022	30,578	336	1	337	19,223	6	189	1,365	49,990
	Étrangers.												
1877	Français..	570	321	891	25,058	330	1	331	19,525	3	107	1,225	44,700
	Étrangers.												
1878	Français..	562	199	761	24,471	332		332	19,588	4	117	1,098	44,329
	Étrangers.		1	1	153								
1879	Français..	343	564	907	23,677	330		330	19,470	2	44	1,239	43,191
	Étrangers.												
1880	Français..	511	429	940	26,298	340		340	20,060			1,280	46,356
	Étrangers.												

IMPORTATIONS ET EXPORTATIONS.

ANNÉES.	IMPORTATIONS			EXPORTATIONS		
	PROVENANT DE PORTS		RÉUNIES.	À DESTINATION DE PORTS		RÉUNIES.
	français.	étrangers.		français.	étrangers.	
	tonnes.	tonnes.	tonnes.	tonnes.	tonnes.	tonnes.
1875..........	24,524	233	24,757	35,003	146	35,149
1876..........	23,858	395	24,253	29,444	"	29,444
1877..........	20,351	444	20,795	19,360	"	19,360
1878..........	18,261	573	18,834	19,697	82	19,779
1879..........	24,716	361	25,077	16,547	"	16,547
1880..........	26,778	"	26,778	10,785	"	10,785

DROITS DE DOUANE.

ANNÉES.	IMPORTA-TIONS.	EXPORTA-TIONS.	ACCESSOIRES.	NAVIGATION.	TAXE DES SELS.
	fr. c.		fr. c.	fr. c.	fr. c.
1875..............	308 92	"	328 47	213 07	208 01
1876..............	408 76	"	286 00	293 86	10,049 41
1877..............	736 86	"	294 88	257 99	126 84
1878..............	371 16	"	211 15	274 17	458 61
1879..............	343 07	"	177 65	227 24	61 80
1880..............	778 92	"	104 20	179 10	874 12